AF394665

Secretos de Expertos – Codependencia

¡La guía definitiva de recuperación para curar la codependencia! Aprende a analizar a la gente y a usar la TCC para mejorar los límites personales, las habilidades de comunicación, el autocontrol y la autoestima.

Terry Lindberg

Table of Contents

Índice

¿Quién es Terry Lindberg?

Introducción

Capítulo 1: ¿Qué es la codependencia?

    Historia y controversia
    Tipos de relación de codependencia

Capítulo 2: ¿Quién puede ser codependiente?

    ¿Qué puede desencadenar la codependencia?
    ¿Eres tú o un ser querido codependiente?

Capítulo 3: Síntomas

    Baja autoestima
    No hay límites
    Comunicación deficiente
    Controlando la naturaleza
    Culpa y vergüenza

Capítulo 4: Aproximación a la recuperación

Superar la negación

¿Por qué estás en negación?

¿Estás en negación?

¿Qué es la TCC y cómo puede ayudar?

Un triunfo personal

Capítulo 5: Límites y comunicación

Desprendimiento compasivo

Comunicación saludable

Capítulo 6: Autoestima y control

Autoestima

Autocontrol

Capítulo 7: Curación de relaciones y recuperación

Curar las relaciones

Analizando a la gente que te rodea

Recuperación

Conclusión

¿Quién es Terry Lindberg?

Hola, y gracias por comprar una copia de "Secretos de los expertos - Serie de autoayuda".

Para todos ustedes que no saben quién soy, me llamo Terry Lindberg, un psicólogo galardonado y autor de la serie de secretos de expertos de autoayuda. He dedicado más de 30 años de mi vida entera a innovar en el campo de la psicología y la autoayuda para mejorar mi vida y la de otros miles de personas en todo el mundo, desde los mejores directores ejecutivos de su área hasta los mejores atletas, e incluso personas normales.

Lo único que puedo decir de todos con los que he trabajado es que ven cambios dramáticos en sus vidas siguiendo mis enseñanzas. Mis enseñanzas les ayudan a atravesar barreras que nunca pensaron que podrían superar. En la mayoría de los casos, el mismo resultado ocurre; son testigos de un apagón en su mente, mostrándoles que el cerebro humano es mucho más poderoso de lo que jamás podrían pensar que era imaginable.

A lo largo de los más de 30 años de mi vida estudiando en el campo de la psicología y la autoayuda, he adquirido sabiduría y experiencias únicas de las personas con las que he trabajado y a las que he entrevistado. La gran cantidad de conocimiento que he ganado es todo lo que les voy a transmitir en este libro.

Esta guía no es como cualquier otro libro de autoayuda que existe, ya que para ser honesto el 99% de los libros de autoayuda en el mercado ni siquiera están hechos por alguien dentro del campo. Se han asociado con un escritor fantasma para producir el contenido del libro, y luego lo han empaquetado y comercializado como si hubiera sido hecho por alguien que tiene experiencia en ese tema.

La información que compartiré con ustedes tiene una prueba de concepto y realmente les ayudará en cualquier punto de su viaje.

¿Has oído hablar de la teoría "La pepita de oro" al leer un libro? Esta teoría significa que un libro entero podría ser irrelevante para el tema, pero aun así podría haber una "Pepita de Oro" de información que podría cambiar la vida.

Debido a esta teoría, quiero que estén preparados y se aseguren de que a lo largo de todo el libro tenga toda su atención. Por cierto, si no notaron que la frase anterior decía "el" espalda con espalda, no están prestando suficiente atención.

Dejen todo lo que están haciendo, concéntrense y prepárense para tomar notas. Puede que estés a una sola frase de cambiar tu vida para siempre.

Si aprendes o te gusta algo del contenido, lo habrás consumido cuando hayas terminado. Una revisión honesta siempre es apreciada por ayudarme a hacer un mejor contenido en el futuro.

Ahora empecemos...

Introducción

La codependencia es algo más que la percepción generalizada de aferramiento. Se reconoce como una condición de comportamiento multigeneracional y global, una compulsión que daña la forma en que miles de personas interactúan con otros y consigo mismos. Es un término aplicable a más de nosotros de lo que nos damos cuenta.

Las suposiciones minimizadas desacreditan la severidad de esta adicción a las relaciones. La realidad de la codependencia es compleja; las consecuencias duraderas para la mentalidad del individuo son dolorosamente restrictivas. Imagina sentirte desprovisto de autoestima, obsesionado con la vida de los demás para obtener tu felicidad, o no darte cuenta de tus propias necesidades debido a tu preocupación por satisfacer las de los demás. La identidad y la autonomía se pierden en esta mentalidad desordenada. Uno no puede verse a sí mismo más allá de sus relaciones: ha perdido la conexión con su sentido inherente de quiénes son. Si algo de lo que he mencionado hasta ahora le suena, entonces le insto a que siga leyendo.

Puede que aún se cuestione si usted o alguien querido por usted es codependiente o no. Este libro está aquí para proporcionarle la tan necesaria claridad sobre el tema. Cómo se manifiesta, las motivaciones de los comportamientos codependientes, y, lo más importante, cómo puedes superarlo activamente porque, créeme, puedes.

Con este libro, te daré el poder de aprender más sobre la codependencia. Para entender cómo se origina y cómo puedes corregir los rasgos de comportamiento dañinos. Ambas cosas son claves para tu recuperación y tu felicidad. "Secretos de los expertos - Codependencia" es una exploración profunda que detalla las causas primarias de la codependencia.

Cada capítulo se construye orgánicamente sobre el otro, dándole una definición concreta del trastorno, así como una visión general de los síntomas, los desencadenantes, las observaciones de relaciones no saludables y los pasos a seguir para la recuperación.

Demostraré estrategias de afrontamiento que puedes aplicar a tu vida diaria, accesibles tanto para los lectores de nivel superior como para los principiantes. Este libro no es un cuestionario concluyente; es un viaje de desarrollo que busca enriquecer sus futuras relaciones. Aprenderás a respetar el individualismo, a diseccionar los conflictos internos y a comunicar asertivamente tus pensamientos, incluso cuando la única respuesta que tengas que ofrecer sea "No".

El conocimiento que le ofrezco en esta guía es crucial para su proceso de curación y para aceptar que sufre de codependencia y desea reconstruirse. No se deje disuadir por los sentimientos de shock o vergüenza que pueda encontrar. Es una parte natural del proceso. Si todo lo que ganas es una mayor comprensión de ti mismo, entonces es un paso triunfal. Pero quiero incitar al cambio en tu vida; quiero que aprecies tu valor, que estés equipado con el conocimiento y las herramientas necesarias para un futuro más feliz.

Me llamo Terry Lindberg, un galardonado autor de autoayuda y psicólogo. He dedicado más de 30 años de mi vida a innovar en el campo de la psicología y la autoayuda, mejorando mi vida y la de miles de personas en todo el mundo. Educar e iluminar es un objetivo importante de mi trabajo. Mi objetivo es llevar estas enseñanzas más allá ayudando a otros a ser autosuficientes cuando se enfrentan a sus dificultades. Quiero mostrar a la gente que con un poco de orientación, pueden hacer frente y recuperarse de la codependencia.

Siguiendo los pasos fáciles de seguir de este libro, usted también puede cosechar los beneficios de curar la codependencia. Es un logro liberador. Para que se forme una relación más saludable y segura, debe haber una contribución mutua de dar y recibir. Nadie debe martirizar su bienestar para gratificar al otro. Eliminar la codependencia de sus relaciones le permite vivir una vida plena. Podrás obtener la satisfacción de un intercambio equilibrado, donde se satisfagan las necesidades de ambos individuos. Al recuperar el autocontrol, evitas que la prosperidad de la relación se forje a tu costa. Puedes reconstruir la autoestima, construyendo una mejor idea de ti mismo y del tratamiento que mereces. Tus opiniones tienen valor; nunca lo olvides.

Dejar que los demás te controlen de una manera que sólo les beneficie a ellos es una causa fundamental de dolor y sufrimiento. Los estudios han demostrado que aquellos que eligen encerrarse en papeles obedientes y pasivos pierden de vista su verdadero ser: "Los participantes expresaron sentirse anulados, permaneciendo en la relación a pesar de sus efectos perjudiciales y a menudo destructivos... quedando aprisionados en sus relaciones y encontrándose 'encerrados' en estas situaciones, sintiéndose impotentes e incapaces de liberarse" (Bacon, McKay, Reynolds, 2018).

Ahora bien, no es extraño que los seres humanos busquen amor o conexiones y propósito. Nos sentimos atraídos subconscientemente unos a otros, queremos ser queridos. Anhelamos sentir aceptación y ser tenidos en alta estima por nuestros compañeros y seres queridos. Pero cuando esa zona de confort se pone en peligro o se elimina por completo, no todos estamos equipados emocionalmente para lidiar con el abismo que surge. Es una creencia aprendida que la soledad está mal, programada en nosotros desde el primer día. La soledad equivale a la infelicidad.

Sin embargo, pregunto: ¿Es realmente mejor aceptar las relaciones desagradables y unilaterales? ¿Es correcto para ti temer tu propia compañía, viviendo con una dependencia de otros para validar tu valor? Si alguna vez vas a experimentar verdadera satisfacción y te ves a ti mismo independientemente como un todo, deja de mirar hacia afuera y empieza a enfocarte hacia adentro.

El proceso no será fácil ni rápido, y el cambio no ocurre de la noche a la mañana. Con paciencia, compromiso y resolución, puedes deshacerte de la codependencia. Los impulsos nunca desaparecerán por completo; es probable que salgan a la superficie los malos hábitos y las recaídas. Pero todo esto es parte de tu recuperación;

son desafíos que mi libro te ayudará a conquistar. Créeme cuando digo que las relaciones más felices y saludables están al alcance de la mano. Cuando llegue el momento de reflexionar sobre su vida, sus logros y sus arrepentimientos, puede consolarse con el hecho de que todas sus experiencias sirvieron para su propia felicidad. Si persigues la perspicacia y la experiencia presentada en este libro, sin duda salvaguardarás el control que tienes sobre tu propia vida.

Capítulo 1: Que es Codependencia?

Para muchos, la definición de codependencia puede no estar bien definida. Esto lleva a un retraso en el diagnóstico. Sin la comprensión, no se puede entender si usted o un ser querido realmente sufren de ella. Si usted es completamente nuevo en el concepto, este capítulo le proporcionará una completa transparencia con el tema, su expansión, la historia y la controversia que rodea su uso.

Hay debates en curso hasta el día de hoy sobre la verdadera definición de la codependencia. ¿Es una enfermedad tangible? ¿O simplemente una anomalía social? ¿Presenta síntomas? ¿Y es tratable? Entraré en más detalle sobre la controversia más adelante en este capítulo, pero por ahora, quiero explicar lo que es la codependencia. La familiaridad iniciará su recuperación.

En su forma más rudimentaria, la codependencia es una aflicción psicológica en la que los enfermos experimentan una intensa dependencia de un ser querido para su validación. Es un desarrollo de patrones de comportamiento, una consecuencia de traumas en nuestra educación, o un impacto de relaciones abusivas. El origen puede variar, pero la consecuencia sigue siendo la misma. Una caracterización más conmovedora de la codependencia es la abolición de tu yo central.

Aunque inicialmente se acuñó para las familias que sufrían con los drogadictos, la escalada de casos de codependencia se ha extendido más allá de esa denominación. Todavía existen otros importantes que ayudan a los adictos que sufren de codependencia. Los mecanismos de apoyo de estas relaciones han seguido siendo los mismos: los miembros de la familia se vuelven serviles al usuario, renunciando a su crecimiento personal. Su papel y propósito es supervisar y cuidar a otro. Sin embargo, estas circunstancias ya no son un requisito previo para desarrollar la codependencia.

Algunas personas anhelan la oportunidad de ser valiosas para otros, convirtiéndose en cuidadores. Como han demostrado los estudios de investigación, el acto de modificación para reforzar a sus seres queridos o para encontrar aceptación tiene como resultado una pérdida de sí mismo o un desapego de su verdadera identidad:

"Los participantes hablaron de la frustración por su falta de autodefinición, que según ellos era el resultado de una mezcla de exceso de voluntad en las situaciones. Varios utilizaron la metáfora 'camaleón' para describir este proceso de adaptación al entorno y las relaciones sociales" (Bacon, McKay, Reynolds, 2018).

Un oportunista, un camaleón, un pretendiente y un codependiente, sus vidas y su conducta dependen de variables que están fuera de su control. Esto no quiere decir que todas las relaciones en las que ambas partes dependen la una de la otra estén equivocada. O que la solución es volverse solitario y egocéntrico. Naturalmente, apoyamos incondicionalmente a nuestros seres queridos; interactuamos con ellos a diario, y nuestras vidas están entrelazadas con las suyas. La diferencia para los codependientes es el extremo al que se experimenta este amor. Asumen la responsabilidad de guiar las acciones y elecciones de sus seres queridos, sufriendo un tormento sustancial cuando esta acción les es robada.

Historia y controversia

A lo largo de la historia de la humanidad, ha habido un tabú persistente sobre el tema de la salud mental. Abundan las disputas sobre lo que constituye un trastorno y lo que no. Presunciones peligrosas y degradantes dificultan la búsqueda de ayuda por parte de los enfermos y limitan el progreso de la sociedad en la búsqueda de medidas preventivas. Los trastornos que siguen siendo muy mal comprendidos albergan sentimientos de humillación y abandono, y la codependencia no es ajena a este tratamiento.

1940: La historia afirma que el concepto de codependencia fue acuñado en el decenio de 1940 como un término genérico para relatar la experiencia vivida por las esposas que sufren junto con las adicciones de su pareja. Los estudios revelan que "la codependencia como enfermedad ofrecía la idea de que las personas cercanas al consumidor de sustancias sufrían ellas mismas una enfermedad...

estas personas eran vistas como habilitadoras y co-alcohólicas" (Bacon, McKay, Reynolds, 2018). Las esposas y parejas se convirtieron en víctimas de los demonios de sus seres queridos, transformándose en sombras de sus antiguos seres. A medida que los adictos escalaban hacia la sobriedad, los patrones de comportamiento de sus parejas codependientes continuaron floreciendo, una continuación de mantener el control dentro del caos.

1951: Lois Wilson, cofundadora de Al-Anón, comprendió muy bien la lucha de vivir con un adicto. Junto con el programa de 12 pasos de su marido para alcohólicos en recuperación, construyó una plataforma similar para los miembros enfermos de la familia. Sus esfuerzos hicieron realidad el problema: "Se dirigió a la otra cara de la moneda del alcoholismo: los miembros de la familia que sufrían y que, como el alcohólico, sentían que sus vidas estaban fuera de control y plagadas de obstáculos y pérdidas" (Rosenberg, 2018).

1980's: El desarrollo de las comunidades de Alcohólicos Anónimos arrojó un mayor reconocimiento de la aflicción. La investigación profundizó en la construcción de la personalidad individual y en la forma en que los desencadenantes culturales y la exposición a los traumas del pasado alimentaban la construcción de la psique de una persona. La codependencia es despreciada como el fin de los ideales tradicionales de los roles de género dentro de las relaciones (una revolución que, en un mundo progresista, pocos de nosotros evitaríamos). Incluso hoy en día, este cambio puede todavía molestar, ya que muchos tradicionalistas preferirían mantenerse en el statu quo. Sin embargo, a pesar de ello, las feministas insisten en que, históricamente, la motivación de sus resignadas y obedientes funciones como esposas que se dedican a la prostitución ha sido un medio para salvaguardarse a sí mismas. Sus desarrollos sociales, políticos y psicológicos fueron y son moldeados por la mitad de la especie. La etiqueta de codependencia, a sus ojos, degrada las fortalezas de las mujeres de hoy y simplifica lo que antes era una realidad compleja para la mayoría.

Es un reto disputar la noción de que las personas están destinadas a cuidarse unas a otras y que sentimos la necesidad de intimidad y apoyo. Para ser claros, la codependencia no es un argumento en contra de las relaciones prósperas, sino todo lo contrario. La codependencia identifica los beneficios de los que carecen las relaciones no saludables (igualdad, honestidad, confianza, etc.). Los codependientes, aunque no sean conscientes de ello, están sufriendo dentro de las estructuras de su relación actual. El propósito de explorar el tratamiento es restablecer estas virtudes saludables para que los codependientes puedan prosperar (ya sea en una relación o para su propio beneficio personal). El divorcio no es una cura, ni tampoco el aislamiento o la lejanía; lo que pretendo es desenterrar una forma de que los individuos experimenten la cercanía con los demás sin dañarse a sí mismos.

Hasta el día de hoy, la codependencia sigue sin ser reconocida por las instituciones médicas. Los cínicos rechazan la destructividad que el individualismo tiene en las relaciones y degradan las conductas de los que sufren como necesidad. A pesar de su falta de posición a los ojos de las instituciones médicas, los casos de codependencia prosperan. No tiene género y es generalizada, una experiencia muy concreta que afecta a miles de personas.

Tipos de relación de codependencia

Varias cepas de relaciones generan comportamientos codependientes. En realidad, cualquier relación corre el riesgo de sufrir. Los ambientes llenos de confusión emocional y desequilibrios de poder, que son inestables y poco favorables, pueden fomentar las tendencias codependientes. Sin embargo, me gustaría llamar la atención sobre algunos arquetipos comunes que pueden relacionarse con sus circunstancias.

Dañar las relaciones paternas:

Algunos casos de codependencia se originan en la infancia; los que sufren en la edad adulta es probable que hayan experimentado circunstancias traumáticas en la infancia. A esta edad, las relaciones son atrapantes, y los niños no tienen la razón de entender que la relación no es saludable. Nuestros cerebros están en su estado más indefenso y susceptible cuando somos jóvenes:

"Los jóvenes son sensibles y fácilmente reactivos a los ambientes externos y estas características pueden influir en la formación de actitudes y comportamientos" (Gwon & Jeong, 2018).

Los hogares donde los padres presentan un desarrollo emocional atrofiado o inmadurez pueden llevar a una sensación de indignidad en los niños. Pueden sobre compensar y esforzarse por micro gestionar detalles de su propia vida y la de los demás como un medio de expiar lo que se les privó.

Vivir con un miembro de la familia enfermo mental o físicamente:

No es seguro que vivir con alguien que está mental o físicamente enfermo pueda causar codependencia. La mayoría de las unidades familiares cuentan con un buen apoyo, pero en el caso de aquellas en las que la función de cuidador principal recae en una sola persona, especialmente si son niños, sus necesidades suelen ser ignoradas. Es una expectativa que llevan consigo en las relaciones posteriores, asumiendo el papel de cuidador. Esto los define.

Vivir con adictos:

La presencia de la adicción cambia la dinámica de un hogar y provoca efectos negativos para ambos individuos. Un codependiente, una vez más, se convierte en un rescatador, sobre responsable, y aislado del mundo exterior y de sí mismo, un esclavo de sus impulsos.

Relaciones abusivas:

Experimentar cualquier forma de abuso deja profundas heridas en nuestras almas, tanto física como mentalmente. Altera la forma en que percibimos el mundo y las personas en él. La codependencia es uno de los muchos efectos secundarios que se producen por el abuso. Las personas que han sufrido abusos aprenden a protegerse suprimiendo sus sentimientos para apaciguar a su abusador. Desarrollan tendencias a trivializar sus propias necesidades por el bien de los demás, y pueden, en el futuro, buscar relaciones hirientes. Existe un instinto de supervivencia en las relaciones abusivas y codependientes para adaptarse a fin de obtener validación y evitar el rechazo.

Cuanto más se exploren los síntomas y las causas de la codependencia, más se sentirá una abrumadora sensación de vergüenza o renuencia a aceptar que se sufre de ella. Le pido que deje eso a un lado y recuerde por qué eligió comprar este libro. Considere los patrones de comportamiento que desea cambiar, las razones por las que ha buscado ayuda. La codependencia no desaparecerá por sí sola, y sus relaciones no se arreglarán sin un cambio. A través de este libro, te verás a ti mismo, y es primordial que lo hagas.

Capítulo 2: Quien puede ser Codependiente?

La respuesta simple es cualquiera. La codependencia puede manifestarse a cualquier edad. A pesar de las críticas y estereotipos anticuados, es un trastorno que sufren todos los géneros. Cualquier relación (es decir, amistades, padres e hijos, hermanos, cónyuges, amantes y compañeros de trabajo) podría echarse a perder si un codependiente elude el cambio o el diagnóstico. A medida que continuamos, debes considerar seriamente si tus conexiones te satisfacen o te derriban.

No hace falta decir que cualquier relación experimenta altibajos; un toque de frustración y antagonismo ocasionalmente es ordinario. No todas las rupturas están ligadas a la codependencia. Recuerda, la codependencia daña tu conexión contigo mismo, así como con los que te rodean; este es su rasgo definitorio. En este capítulo, veremos el mayor impacto de las relaciones desequilibradas y poco sanas y cómo éstas pueden alterar nuestro comportamiento y perspectiva. Con una comprensión más clara de los desencadenantes sociales y ambientales, puede comenzar a relacionarse o identificarse con algunos de estos atributos, quizás desde su situación pasada o presente. El autoexamen le permitirá identificar las causas de su codependencia.

¿Qué puede desencadenar la codependencia?

En el Capítulo Uno: ¿Qué es la Codependencia?, identifiqué algunos tipos de relación que son propensos a desencadenar comportamientos codependientes:

- Dañar las relaciones con los padres
- Vivir con un familiar enfermo mental o físico
- Viviendo con adictos
- Relaciones abusivas

La dinámica de estas relaciones fomenta los rasgos codependientes. En esta sección se desglosará la conexión entre estas circunstancias y cómo pueden hacer que algunos individuos sean más susceptibles a la codependencia.

Las unidades familiares defectuosas, ya sea por enfermedad, irresponsabilidad, abuso o adicción, presentan atributos recurrentes, todos los cuales envían un concepto malsano, especialmente a los miembros más jóvenes. Estos atributos son:
- Condiciones de vida y miembros de la familia erráticos
- Relaciones sin apoyo y poco confiables
- Culpa, vergüenza y culpabilidad ("Yo soy el problema")
- Exclusión de la ayuda externa
- Juicio
- Abandono (físico y emocional)
- Descuido
- Excepciones inalcanzables de hijos, parejas, etc.
- Traumatismos

Experimentar una o todas estas dificultades hace que la negatividad se dispare en nuestras mentes. La exposición prolongada o no controlada rompe la autoestima, evocando el autodesprecio y la crítica. Este sistema tóxico se convierte en una realidad. Los codependientes se vuelven demasiado apegados a la persona o personas que permiten este ambiente. Escapan de sí mismos, y la arraigada creencia de la inutilidad se convierte en un punto de partida para la codependencia más adelante en la vida:

"Todos los participantes parecían haber encontrado en la 'codependencia' una explicación simple, singular y global para una serie de dificultades de la vida... la codependencia era algo tan real que se sentía concreto y tocable, como una enfermedad o una adicción subyacente" (Bacon, McKay, Reynold, 2018).

Las caracterizaciones que he señalado anteriormente no siempre son una expresión intencional o veraz de una persona a otra, pero existen dentro de los límites de las relaciones perjudiciales. Progresivamente, provocan patrones de comportamiento adictivo; un codependiente intentará controlar y racionalizar su situación. A partir de esto, puede ocurrir lo siguiente:

Micro manejo/control: La exposición al abuso y a la inestabilidad puede hacerte altamente reactivo al desorden. Y cuando las cosas se desvían, un codependiente intentará tomar el control. Pueden hacer esto mediante la micro gestión de las acciones o emociones de otros. Esta es una aventura ingrata e ineficaz ya que sólo tenemos un verdadero control sobre nosotros mismos. Cuanto más intentas controlar la relación, más prevalece la obsesión.

Convertirse en complacientes con la gente: Tratar de adaptarse a las necesidades de todos los que te rodean para mantener la paz te da una sensación de estabilidad y logro emocional. Dependiendo de la naturaleza de la relación (si hay un caso grave de abuso), algunas personas reprimen sus pensamientos, temiendo la ira o el rechazo.

Miedo al abandono: Su situación de vida anterior o actual puede estar enterrada bajo sentimientos negativos. Tiendes a asumir la responsabilidad de esos sentimientos, abandonando los tuyos propios. Cuando la relación ha sido una presencia envolvente en tu vida, el miedo a perderla aumenta, ya que es lo que te define.

Rechazar la ayuda externa: El concepto de que tus necesidades sean atendidas se ha convertido en algo extraño e incómodo. Quieres dar; no quieres perder el control. El hecho de no dejar que otros sepan el alcance de tu sufrimiento también proviene de un inminente sentido de vergüenza. La vergüenza lleva al repliegue, al engaño; si alguien no está listo para enfrentar el problema, lo contiene. Mientras reitero la importancia del cambio, no omito la angustia que causa a una persona codependiente.

Asumiendo demasiada responsabilidad: La supervivencia de la relación o la felicidad de tus padres, pareja o jefe depende de ti. En lugar de expresar tu verdadero ser, asumes la personalidad de la muleta, a la que todos recurren. Esta obsesión puede obstaculizar tu capacidad de relajarte; estás constantemente conectado, trabajando para curar los problemas de todos, excepto los tuyos.

Habilitante: Parte del ciclo de codependencia. Tomemos la joven pareja James y Lucy, por ejemplo. Desde el exterior, parecen estar compuestos física e intelectualmente, una pareja feliz. Detrás de las cortinas, Lucy lucha con una adicción al alcohol, y James asume la responsabilidad de sus antojos. Se culpa a sí mismo, y cubre a Lucy ante sus amigos. James intenta controlar su vicio supervisando que ella beba en casa. Su respuesta le permite; limpia sus líos por ella y la protege de las consecuencias naturales de su adicción. A su vez, ella continúa bebiendo porque James limitará el daño de manera obediente. La habilitación no sólo prolonga el predicamento de Lucy, sino que la codependencia de James también crece paralelamente a él

¿Eres tú o un ser querido codependiente?

Identificarse a sí mismo como codependiente a menudo puede ser difícil; muchos creen que sólo están cuidando de sus seres queridos. Su comportamiento no les parece extraño. Ser una persona compasiva y cuidadosa es un buen rasgo; sin embargo, el acto de cuidar a un ser querido siempre debe ser altruista. Si surge de la obligación o es usado como un medio de soborno, entonces el acto es falso y contaminado. Los participantes en un estudio hablaron del vacío interior que experimentaban cuando se les quitaba la necesidad de satisfacer sus compulsiones:

"Si no llego al límite de lo que se siente al estar vivo, entonces no me siento vivo... cualquier cosa que sienta que la vida se detiene, es un espacio aterrador" (Bacon, McKay, Reynolds, 2018).

Hay señales distintivas que puedes buscar en tus relaciones para determinar si eres codependiente.

- ¿Es tu necesidad de cuidar a los demás un acto verdaderamente desinteresado? ¿O lo estás llevando a los extremos?
- ¿Está usted satisfaciendo insuficientemente sus propias necesidades?
- ¿Tu relación te afecta de manera negativa?

• ¿Pones las ambiciones de un ser querido por encima de las tuyas?

• ¿Se siente manipulado en su relación?

• ¿Te rindes en los argumentos para pacificar a la otra persona?

• ¿Te sientes atrapado por la relación?

• ¿Comunicarse honestamente es un reto para ti?

• Su capacidad de reconocer su autoconciencia se ha desvanecido.

• Tu autoestima se eleva sólo cuando tu ser querido es feliz.

• El miedo al abandono guía cada decisión que tomas en tu relación.

Considera la respuesta que tu pareja tiene a tu comportamiento. Las parejas codependientes son altamente susceptibles a la compañía del otro, y eso les limita para desarrollarse como individuos – se necesitan el uno al otro. ¿Su pareja se aprovecha de su amabilidad? ¿Dependen de ella? ¿Hay un desequilibrio en la relación? Si una relación es codependiente, habrá efectos secundarios negativos en ambos lados. Es posible que ofrezca ayuda donde no se desea. La responsabilidad que usted asume es inapropiada y podría causar estrés o frustración para su ser querido y para usted.

Capítulo 3: Síntomas

En este capítulo se examina la forma en que la codependencia influye en el individuo y en la relación. No te desanimes por lo que encuentres; ¡estás en el camino de la recuperación!

Baja autoestima

La autoestima es la perspectiva que tenemos de nosotros mismos. Experimentamos satisfacción o infelicidad. Es imposible sentirse bien consigo mismo todo el tiempo; estamos constantemente bombardeados con mensajes desencadenantes de la familia, los amigos, los compañeros de trabajo y los medios de comunicación social que bajan nuestra autoestima.

Afecta a la forma en que manejamos la vida cotidiana. Nos disuade de enfrentarnos a los desafíos, haciéndonos demasiado críticos de nosotros mismos. Nuestro juicio sobre la autoestima debería venir naturalmente desde dentro. Cuando algo malo nos ocurre, no debería impactar en la autoestima porque es una circunstancia externa, no un reflejo de nuestro ser. Para un codependiente, el valor y la afirmación vienen de los demás, una correlación entre la relación y su valor.

Los rasgos incluyen:
- No es digno de amor, éxito o elogio
- Buscando la aprobación de los demás
- Difiriendo la misma opinión de los demás para complacerlos
- Duda e incertidumbre constantes
- Baja confianza y moral

Un codependiente experimenta un temor constante de que nada de lo que le rodea sea satisfactorio, lo que le obliga a encontrar un lugar de comodidad y seguridad. Los apegos malsanos crecen, y los malos hábitos se refuerzan. Dejan de lado la responsabilidad de las decisiones sobre los demás porque no saben lo que realmente quieren. Evitan el conflicto en las relaciones íntimas porque se preocupan por el rechazo, la posibilidad de perder su único medio de validación. La baja autoestima distorsiona nuestra percepción, alejándonos de nuestro verdadero yo.

No hay límites

Piensa en la comida – para establecer relaciones saludables con la comida, nos remitimos a las directrices dietéticas, una frontera tangible que nos da dirección y alineación con una dieta saludable. Sabemos lo que es bueno, o indulgente, insuficiente o malo. Las relaciones no son diferentes. Los límites son necesarios para saber dónde estamos el uno con el otro. Aclaran nuestros niveles de comodidad de cómo queremos interactuar. Un límite es una clara división entre usted y su pareja; sin él, esta línea es borrosa. No puedes discernir quién eres sin ellos. Esto fomenta la idea de que eres responsable de sus vidas, y sus emociones, porque están enredadas con las tuyas.

Los límites pueden ser:

• Físico (espacio personal, control sobre el cuerpo y actividad sexual)

• Psicológica

• Emocional

La conciencia de un límite te protege de sobrepasar la marca. Formar uno se vuelve problemático si ha habido un historial de abuso. Ya se ha violado el concepto de barreras, y una persona puede sentirse desprovista del derecho a decir "no". Alternativamente, puede llevar al extremo de los límites inflexibles. Estas pueden ser una forma de autopreservación; las relaciones se vuelven entonces desconfiadas, socialmente deficientes y carentes de cualquier forma de autoexpresión. La omisión de los límites mutuos puede llevar a:

• Incapacidad de tomar sus propias decisiones

• El descontento con uno mismo

• Espiar a un ser querido

• Necesidad

• Ansiedad por la separación

• Quedar atrapado en relaciones insatisfactorias

• Pérdida de pasatiempos y proyectos personales

- Incapacidad para recuperarse de las rupturas y separaciones
- Perdiendo la independencia

Comunicación deficiente

Expresar lo que sentimos es una perspectiva desalentadora que se hace aún más difícil si no podemos determinar nuestras opiniones y emociones. La forma en que nos comunicamos es reveladora de muchas cosas, incluyendo nuestra confianza, las condiciones de nuestras relaciones y nuestra capacidad de escuchar. Los codependientes a menudo luchan con ambas. La información, no importa cuán crucial sea, desaparece en una neblina de ansiedad.

Los rasgos incluyen:

- Estar de acuerdo con las opiniones para evitar los sentimientos de alguien
- Escondiendo sus creencias
- Desviando la atención hacia los problemas de los demás
- Enmascarando los verdaderos sentimientos
- Tensión muscular
- El movimiento excesivo de los ojos o el no encontrarse con los ojos de la otra persona
- Haciendo declaraciones inciertas o desconcertantes
- Nunca pidan nada para aliviar sus necesidades

La comunicación es uno de los factores más importantes de una relación. Como muestran los estudios, es un factor determinante en la longevidad de cualquier relación:

"La comunicación ocupa un papel central en los modelos de deterioro de las relaciones, ya que se cree que los vínculos íntimos siguen siendo fuertes en la medida en que las parejas responden con sensibilidad el uno al otro" (Lavner, Karney & Bradbury, 2016).

Los codependientes que luchan por superar las barreras psicológicas suelen suprimir sus opiniones para aliviar la preocupación. Su verdadero yo se ahoga debido al miedo a:

- Abuso y condena
- Ser problemático
- Molestar a un ser querido

- Opciones conflictivas (argumentos)
- Destruir la relación

Cuando la relación se ve amenazada, los codependientes se abstienen de decir lo que piensan. La auto reservación triunfa sobre los asuntos importantes que se enfrentan. Tener conversaciones de confrontación en las relaciones, aunque incómodas, es crucial. Los codependientes se preocupan por las verdades de sus seres queridos.

Como se mencionó antes, la baja autoestima deforma nuestra perspectiva. Por ejemplo, cada topera se convertirá en una montaña. Cuando un codependiente cree que la hostilidad o la crítica se está gestando, toman represalias con la manipulación defensiva. Es una acción de humo y espejos, ocultando sus miedos a la honestidad echando la culpa a sus seres queridos, estando de acuerdo con ellos, pacificándolos, o incluso disculpándose. Como toda función humana, la comunicación se aprende, y no importa la severidad de los malos hábitos, puede ser desaprendida.

Controlando la naturaleza

A medida que el resentimiento se construye en una relación de codependencia, muchos buscan un medio para atacar. Consideramos que los golpes son un acto de agresión. Con la codependencia, el acto de azotar puede ser tan simple como ejercer un control completo de la situación. Al carecer de un sentido interno de control, lo buscan externamente.

Los rasgos incluyen:
- Dar ayuda física
- Gente-complaciente
- Respondiendo pasivamente
- El soborno con regalos o facilitando
- Persuasión
- Aislarse de sus amigos y familia
- Amenazas
- Aconsejando
- Manipulación

Las características y justificaciones variarán, dependiendo del temperamento de cada persona. Si han crecido en ambientes inestables y amenazantes, el control es un medio para mantener la paz. Sus acciones pueden ser evasivas y no agresivas. Las conductas de control excesivo también son un ejemplo de límites poco saludables. Los estudios han demostrado que cuando los codependientes se derivan de sus impulsos, experimentan una abrumadora sensación de insignificancia:

"Esta mayor actividad se asoció con la necesidad de escapar de una sensación de vacío o vacío interior, descrito por Patricia como '... esa sensación de un agujero en el alma'" (Bacon, McKay, Reynolds, 2018).

No ofrecer ayuda, no cumplir con el papel de cuidador es como no recibir amor. En la mente de un codependiente, dar es una garantía de afecto. Se han hecho fundamentales para su pareja, y no serán abandonados.

Las relaciones fuertes requieren un equilibrio en el poder y el control. Los intentos de tomar el control a menudo conducen a la angustia y la decepción, ya que es físicamente imposible para nosotros estar en completo control de todo y de todos.

Culpa y vergüenza

Estas dos emociones llegan de la mano y se dan la una a la otra. Sin embargo, son dos experiencias muy separadas.

La culpa: La conciencia de que has actuado mal; que surge de nuestras elecciones y acciones. Un juicio de nuestro comportamiento que está enfocado externamente.

Vergüenza: Un doloroso e internalizado sentimiento de insatisfacción. Un persistente regaño de que estamos enfermando a los ojos de los demás y de nosotros mismos. Una crítica interna de nuestro yo central.

Los rasgos incluyen:
• La timidez
• Vergüenza

* Sentirse poco amado
* Humillación
* Autodesprecio
* Enfermedad
* Evitar el contacto visual

Es natural sentir vergüenza, y en la mayoría de los casos, se desvanece con el tiempo. Para los codependientes, persiste como una herida no curada atada a su proceso de pensamiento, torciendo su percepción de sí mismos y de cómo creen que los demás los ven.

Además de sentir culpa por no satisfacer las necesidades de sus seres queridos, los codependientes sienten una culpa y una vergüenza extremas por la naturaleza de su adicción. Se sienten débiles, exigentes y egoístas. Estas barreras internas hacen que sea más difícil para ellos expresarse.

Capítulo 4: Aproximación a la recuperación

Superar la Negación

La negación es protección y refugio, y todo el mundo lo hace. La negación se nos escapa; la mayoría de nosotros no sabremos que estamos en ella en absoluto. La siguiente sección destacará las diferentes formas de negación y cómo se puede empezar a superarla. Este capítulo es donde iniciamos el proceso de recuperación.

La negación puede ser usada en diferentes grados:

• Etapa inicial: Oponerse a la existencia del problema, las señales o los antojos.

• Etapa Secundaria: Disminuyendo el problema o reconociéndolo, pero negándose a ver las consecuencias.

• Etapa tardía: Aislarse y retirarse de la búsqueda de ayuda.

¿Por qué estás en negación?

Protéjase a sí mismo: La codependencia provoca una cantidad abrumadora de miedo y angustia. Gran parte de lo que son los codependientes está ligado a sus relaciones. Superar la negación es admitir que su forma de vida no es saludable, que la conexión que establecen debe terminar. Temen estar solos, manifestar su verdadera identidad. Como con cualquier otra adicción, el temor a los juicios de los demás afecta la forma en que manejamos la recuperación. Los codependientes se preocupan de que las respuestas de sus seres queridos sean agresivas, intolerantes o menospreciadas. Desmayarse y tener el coraje de mejorar es cada vez más difícil cuando no creemos que nadie esté de nuestro lado.

Ocultar la adicción de un ser querido: Estar en negación no significa necesariamente que un codependiente no pueda reconocer un problema. La negación es acomodaticia, nos protege de las emociones y conversaciones hirientes. Nos ayuda a enterrar la verdad. Los codependientes pueden subestimar la severidad de sus acciones y el efecto que la codependencia tiene sobre ellos. Superar la negación es doblemente difícil si un codependiente está ocultando la adicción de su pareja. Mirar hacia otro lado y mantener las apariencias es normal. Esto permite que tanto usted como la adicción de sus seres queridos crezca en paralelo. La condición de la relación sólo continuará deteriorándose si ninguno de los dos acepta la responsabilidad de sus acciones.

¿Estás en negación?

Mencioné antes algunos patrones de comportamiento comunes de los codependientes en la negación. La siguiente lista le permitirá evaluar su comportamiento e identificar si hay algún problema.

Si Ustedes:

• desacredita o rechaza sus sentimientos?

• ¿Desviación identificando los malos hábitos de los demás, algunos de los cuales se aplican a usted?

• ¿Oculta sus problemas de animosidad, hilaridad o retraimiento?

• ¿Prometes un mejor comportamiento en el futuro para evitar la preocupación?

• ¿Culpar a todos los demás por sus problemas?

• ¿Racionalizar tu adicción y comportamiento de codependencia? (es decir, eres un buen ser humano, dedicado a la felicidad de los demás)

• ¿Recurrir a declaraciones como "Mi vida, mis reglas" o "Puedo cuidar de mí mismo"

Admitir la negación es el primer paso para superarla. Y no hay que avergonzarse de aceptar que estás luchando. Tener este libro es una indicación de que estás buscando ayuda. Los siguientes capítulos desafiarán el conflicto entre sus percepciones personales y la realidad, ayudándole a poner fin a la negación.

¿Qué es la TCC y cómo puede ayudar?

"La personalidad de un individuo es la combinación de rasgos y patrones que influyen en su comportamiento, pensamiento, motivación y emoción. Conduce a los individuos a pensar, sentir y comportarse consistentemente de maneras específicas" (Boundless Psychology, n.d.).

Los trastornos de personalidad son aflicciones que dañan el comportamiento y la química cerebral de un individuo. Los trastornos limitan nuestra capacidad de funcionar apropiadamente, y con el tiempo, disminuyen nuestra calidad de vida. La codependencia no es diferente. Mientras que su clasificación (adicción, desorden, enfermedad) sigue siendo ambigua, no se puede negar que la codependencia altera la forma en que interactuamos con el mundo y cómo nos vemos a nosotros mismos. Las mentalidades codependientes tienen dificultades:

- Controlar sus emociones
- Conectando con otros
- Satisfacer los impulsos y los comportamientos compulsivos
- Lidiando con la vida diaria
- Mantener una buena salud

Independientemente de que se sancione o no como enfermedad mental, existen métodos de tratamiento aplicados a modelos similares de adicción que pueden ayudar a combatir la codependencia.

La TCC o la terapia cognitivo-conductual es una forma de terapia de conversación, que nos permite superar los obstáculos. Adapta la forma en que vemos los desafíos y transforma nuestros malos hábitos y comportamientos. Si se usa de manera efectiva, la TCC permitiría a un codependiente reconocer patrones destructivos y evaluar formas más sanas de lidiar con su ansiedad y sus emociones.

¿Cómo funciona la TCC?: La TCC es una ruta no medicada hacia la recuperación, que depende de que el individuo aprenda nuevas habilidades de comportamiento para hacer frente a su adicción a largo plazo. Es un método de recuperación particularmente útil para los codependientes ya que refuerza una mentalidad de empoderamiento y un compromiso con ellos mismos.

Mientras que la TCC puede ser ayudada por un terapeuta, motiva a las personas a cambiar activamente sus propias vidas. Te hace responsable de discutir tus problemas, establecer metas y lograrlas. La TCC alivia la perspectiva pesimista de reconocer un trastorno de salud mental.

Si la gravedad de su codependencia está en un nivel extremo, se recomendaría una sesión de asesoramiento con un terapeuta de TCC. Puede que sientas que no tienes la capacidad emocional para afrontar tu adicción por ti mismo. Un terapeuta puede ser objetivo y tendrá mayor experiencia y pericia en el manejo de su recuperación.

En los próximos capítulos, ofreceré orientación para tratar las conductas codependientes. Sería útil para usted ver esto como una forma de TCC. Se ha identificado un problema y sus manifestaciones han salido a la luz. Los siguientes pasos serán una guía para su recuperación.

Pasos para la TCC:

• Trabajando con un terapeuta (en este caso, yo mismo), analiza los problemas a los que te enfrentas.

• Dividirlos en categorías (ideas, emociones, acciones).

• Con cada preocupación, determine si estos son perjudiciales o poco prácticos. Observa las implicaciones tanto internas como externas.

• Un terapeuta (yo) ofrecerá sugerencias sobre cómo ajustar los malos hábitos y elecciones.

• Comienza a practicar estas nuevas habilidades, observando cómo te ayudan a navegar en la vida diaria.

Un triunfo personal

Quiero reiterar que debe ver su proceso de recuperación como un triunfo personal. Has elegido enfrentar el problema, y serás tú quien forje una vida mejor para ti. Puede que estés tan inclinado a acomodar a los demás que sientas que incluso la recuperación no se trata de ti. Lo es al 100%.

A medida que iniciamos el proceso de recuperación, puede que te vuelvas sensible a tu autoconciencia. Cuanto más frecuente sea, más incómodo puede ser. La idea de ser amable contigo mismo puede parecer absurda. Un codependiente demasiado familiarizado con la autocomplacencia negativa que siente que constantemente insatisface las expectativas de los demás (y las suyas propias) lo encontrará prácticamente imposible. Intente adoptar un tono de apoyo con usted mismo.

Desactivar el diálogo interno que te etiqueta como "desesperanzado", "roto" e "indigno" será antinatural. Los codependientes se consuelan con el comportamiento negativo, es una lucha de por vida que no cambiará de la noche a la mañana. Esto es aceptable y normal. Recuerda ser bueno contigo mismo en este viaje.

En lugar de temer el resultado, considere los siguientes enfoques:

• Pasa tiempo contigo mismo y con tus pensamientos. Establece tus preferencias y tus principios. Este proceso se trata de volver a conocerte a ti mismo.

• Si la recuperación es una etiqueta desalentadora, vea esto como un proceso de aprendizaje, obteniendo conocimiento sobre su adicción y cómo va a abordarla.

• Lleve un registro de sus pensamientos en un diario. ¿Qué es lo primero que tienes en mente cuando te despiertas? ¿O antes de dormir? Es útil registrar tus luchas para expulsarlos de tu mente. Con el tiempo, se puede utilizar como un indicador para medir lo lejos que has llegado.

• ¡Hazlo divertido! Date cuenta de que la felicidad es el resultado de tu recuperación. Crea una lista de las cosas que quieres hacer y que tu codependencia te ha disuadido de intentar. Escucha tus deseos, e inspírate.

Enfrentar nuestro sufrimiento requiere asertividad, determinación y autodominio. La codependencia te ha robado tu auténtico ser y te ha negado la felicidad de prosperar las conexiones y experimentar tus respuestas naturales.

No es egoísta reconocer tus necesidades; es totalmente necesario para enriquecer tu vida. Como el renombrado psiquiatra Carl Jung observó:

"Tu visión se aclarará sólo cuando puedas mirar en tu propio corazón. Sin él, todo parece discordante; sólo en el interior se une en la unidad. Quien mira fuera de los sueños, quien mira dentro despierta" (Virtudes para la Vida, n.d.).

Esto es sobre ti.

Capítulo 5: Limites y Comunicación

En el siguiente capítulo se presentarán estrategias que un codependiente puede utilizar para construir hábitos de relación más saludables.

Desprendimiento compasivo

La ansiedad o el apego impulsado por la obsesión se basa en una necesidad de intimidad puesta en marcha para asegurarse. Ocurre cuando no hay una clara frontera emocional y física. Es importante establecer confianza sin depender de los sentimientos de tus seres queridos. Establecer un límite en la relación les permite a ambos asumir la responsabilidad de sus propias vidas.

Límites saludables:
- Los individuos tienen un crecimiento personal
- Asumir la responsabilidad de sus vidas
- Abierto y honesto
- están disponibles emocionalmente
- Sentirse completo, incluso cuando se está solo
- Respetar la diferencia con sus parejas, amigos, etc., en lugar de presionar por la uniformidad
- Proporciona a cada persona alguna protección personal

Límites poco saludables:
- Se sienten incompletos sin su pareja
- La felicidad depende de variables que están fuera de su control
- Intentan arreglar los problemas de sus parejas sin que se les pregunte
- Hablar en nombre de alguien cuando no quiere que lo hagas
- No se escuchan entre ellos
- Asumiendo que saben cómo se siente la otra persona
- Hacer cosas por un compañero que no quieren
- Incapacidad de decir no cuando alguien les pide ayuda
- Son fácilmente coaccionados a dar y ayudar a la otra persona

Recuerde: La falta de límites puede ser iniciada por un compañero que es abusivo o manipulador. Romper las restricciones de los límites por miedo a las acciones de tu pareja es una gran señal de alarma. ¿Recuerdas a Lucy y James del capítulo 5? Aquí hay un ejemplo de la falta de límites de un compañero manipulador:

Lucy: Quiero que me cuides. No puedo hacerlo por mí misma, así que espero que lo hagas; es tu responsabilidad.

James: No, no quiero hacerlo.

Lucy: ¿Por qué? ¿Ya no me quieres?

Cómo establecer límites:

Los límites son respetuosos, y establecerlos requiere confianza, paciencia y práctica. Cuanto mejor identifiques tus pensamientos y prioridades personales, más fácil te resultará establecer las declaraciones del "yo":

- Me siento _____.
- Quiero _____.
- Necesito _____.
- Me gusta _____.
- No me gusta _____.
- Porque yo _____.

Estas declaraciones traen el enfoque a tu mente en lugar de fijarse en lo que la otra persona está sintiendo. La responsabilidad y el control recaen en el codependiente; no deben trasladar la culpa o la autoridad a su pareja. Una declaración de "yo" no es de confrontación; es liberadora.

Ejercicio: Completa las frases anteriores; explora lo que significan para ti, y anota lo que evocan.

Conozca mejor sus límites explorando sus verdaderos valores, los que está redescubriendo. Hacer esto establece quién eres y quién no eres.

Haz ejercicio: Anote sus valores. Una vez que los tenga, úselos para determinar los límites haciendo listas de las siguientes cosas. Basado en mis valores, yo:

- Permitir a estas personas en mi espacio, pero no les gusta.
- Permitir a este tipo de personas en mi vida y disfrutar de su compañía.

• No permitir a estas personas en mi espacio.

Ejercicio: Ahora que has establecido tus valores, puedes empezar a determinar tus fundamentos de límites. Piensa en un momento en el que te pasaste de la raya o cuando alguien violó tu espacio personal. Pregúntate a ti mismo:

• ¿Qué te agitó específicamente a ti o a ellos? (Si es posible, pídale a su ser querido que le diga la verdad sobre cómo se sintió).

• ¿Cómo te hizo sentir cuando la otra persona no se adhirió a tus límites? ¿O cuando le faltó el respeto a los suyos sin preguntar?

• ¿Qué ajustes reconocibles deben hacerse para cada escenario?

• Si usted y su pareja implementaran el cambio, ¿cómo cambiaría la relación? ¿Cómo lo harían?

No dudes en comunicarte: La comunicación es la clave para establecer un límite cómodo. Declare sus necesidades con seguridad y honestidad.

Haga un seguimiento: Decir lo que piensas hacer es sólo la mitad de la batalla; no ejecutar tus planes reafirma viejos hábitos. Vuelva a su diario de progreso después de probar un límite y anote lo bien que funcionó y lo que podría intentar de forma diferente la próxima vez.

Saber cuándo parar: No todas las relaciones pueden ser salvadas, y no todas las relaciones deberían serlo. Mantener a la gente equivocada en nuestras vidas puede ser un constante detonante de la baja autoestima. Determina lo que estás dispuesto a aceptar (es decir, la gota que colma el vaso). Si no se puede lograr el respeto de ambas partes, entonces puede ser el momento de terminar la relación.

Comunicación saludable

Cuanto más se presten atención el uno al otro, más fuertes serán las relaciones. A medida que superes tu codependencia, reconocerás cómo cada síntoma que sufres se interconecta con los demás. Al manejar tus problemas con la comunicación, también lo harás:

• Elevar tu autoestima

• Exprese sus verdaderos sentimientos y a sí mismo (tanto a usted como a sus seres queridos)

• Establecer los límites

• Desafía el maltrato

• Arreglar saludablemente las disputas

Cuanto mayor sea la satisfacción de la relación, mejor será la comunicación.

Una comunicación saludable:

• Escuchándose mutuamente

• Expresar los problemas sin atacar el carácter del otro

• Habiendo establecido un punto en común con el lenguaje donde ambos consiguen lo que quieren de una conversación.

• Hablando auténtica y honestamente el uno al otro

Comunicación no saludable:

• Evitar temas serios (por miedo a la ira, el rechazo o la honestidad)

• Falta de conciencia de cada uno. Tal vez hables, pero no escuches porque la verdad es un peligro.

• O usted o su pareja pierden la compostura, recurriendo al abuso, la pasividad, la manipulación, la generalización, los ataques o la culpa.

Los codependientes crean barreras con la comunicación; o no pueden o eligen no expresarse. Transmitir opiniones a otra persona es estresante. El estrés disminuye la comunicación. La Sociedad de Manejo del Estrés establece que:

"Cuando se está estresado, las áreas de la función cerebral superior se apagan, lo que significa que las partes de nuestro cerebro responsables de la resolución de problemas, el pensamiento lateral y el pensamiento creativo se apagan de manera efectiva" (Stress Management Society, s.d.).

La comunicación fuerte es:

Corta y dulce: Usar demasiadas palabras para decir lo que se quiere decir indica incertidumbre o nerviosismo. Tómese el tiempo para practicar lo que quiere decir antes de hablar para eliminar la duda.

Escuchar: Si alguien le da tiempo para hablar, devuélvalo respetuosamente. Tener una mayor conciencia de lo que siente su ser querido puede ayudar a eliminar la aprehensión. Estás escuchando la verdad de su boca y no de tu mente.

Asertividad: Adopte una postura con sus palabras. Sea directo con su lenguaje, con sus intenciones, con sus necesidades. Le da a usted y a la otra persona un punto de partida para mediar en la situación o el problema.

Lo que puedes hacer:

• Disminuya su respiración para controlar sus nervios.

• Mantener la persistencia.

• Escriba primero lo que quiere decir.

• Sea empático con la opinión de su ser querido.

La comunicación abarca más que el habla. En un juego deportivo, los jugadores de equipo usarán un indicador físico para señalar sus intenciones.

Ejercicio: Párese frente a un espejo. Lea una declaración personal que haya escrito. Examine su lenguaje corporal cuando hable. ¿Qué es lo que notas?

• ¿Es su postura desplomada o rígida? ¿Es neutral?

• ¿Su expresión facial parece relajada o incómoda?

• ¿Está haciendo gestos involuntarios?

• ¿Está usted inquieto?

• ¿Qué hacen tus ojos? ¿Mantienen el contacto visual? ¿O están desenfocados?

Cuando los oradores motivacionales o los profesores hablan, su postura exuda una confianza que llama la atención. Considere su físico cuando hable. Cuando nuestras palabras no se apoyan en nuestro lenguaje corporal, el mensaje se anula.

Capítulo 6: Autoestima y control

En el siguiente capítulo se presentarán estrategias que un codependiente puede utilizar para construir hábitos de relación más sanos ejerciendo el autocontrol y aumentando la autoestima.

Autoestima

Como dije antes, los codependientes no tienen una definición clara de sí mismos. El propósito, el valor y la confianza están determinados por una fuente externa. Depende de un codependiente para hacerse cargo:

• Estableciendo su auténtico ser y sus sentimientos

• Renunciar a la dependencia de los demás por su valor y felicidad

• Centrándose más tiempo en sus aspiraciones en lugar de sus seres queridos

El objetivo es salir de un mal sistema de relaciones y crear otro. Esto requiere que un codependiente se responsabilice de su propia felicidad y vuelva a aprender las técnicas para ser consciente de sí mismo. Es más fácil decirlo que hacerlo; puede que la perspectiva de guiar su propio futuro sea desalentadora. Pero tendrá un efecto curativo en usted y en su relación. Las siguientes listas destacan el impacto que la autoestima puede tener en una relación:

Altos niveles de autoestima en una relación:

• Cada persona tiene una vida separada fuera de la relación.

• Se preocupan menos por la dirección y el ritmo que toma la relación, permitiendo que las cosas se desarrollen orgánicamente.

• Cada individuo sabe lo que quiere y no se avergüenza de decirlo.

• No hay celos ni mentiras.

• Pueden tener conversaciones conflictivas y serias.

• No se culpan cuando la relación termina.

Bajos niveles de autoestima en una relación:

* No admitir las dificultades porque es inconveniente agobiar a los demás.
* Alta sensibilidad a la crítica.
* Los celos y la inseguridad como codependiente cuestionan constantemente su mérito de su pareja.
* Incapacidad de un individuo para establecerse o ser ellos mismos.
* Incapacidad para tomar decisiones, lo que resulta en tomar malas decisiones.
* Hacer más por una pareja o amigo, sin buscar nada a cambio.

Cómo aumentar la autoestima:

Silenciando la voz interior: Los codependientes encuentran natural criticar demasiado sus pensamientos. Su voz interior es menospreciada y difícil de someter. Observa el lenguaje que usas cuando eres negativo hacia ti mismo. Hazlo:

* consistentemente culpas a otros o a ti mismo? La culpa es un refuerzo de la baja autoestima.
* Amplificar los pequeños problemas en grandes? Algo tan pequeño como olvidar la leche en la tienda se convierte en una catástrofe.
* ¿Exagerar la palabra "debería"? "Debería ser más amable... debería preparar el desayuno". Es una palabra que sugiere una expectativa y es un rechazo de la realidad. Se deriva de la falta de autoaceptación y es un presagio de culpa.

Ejercicio: Pregúntese por qué tiene que hacer esa tarea. ¿Por qué no lo has hecho? ¿Cuál será el resultado si no lo haces?

Limite el número de veces que usa la palabra "debería" cada día. Reemplazando una mentalidad de "debería" por una más reafirmante se construye una relación más aceptada contigo mismo. Durante la recuperación, tendrás que aceptar que las cosas no siempre van según lo planeado, y es importante dejar de lado el perfeccionismo.

Apreciación: Tómese tiempo para observar los rasgos positivos de usted mismo. Pueden ser cosas pequeñas o gigantescas. Mira la

forma en que elevas y alabas a la otra persona en la relación y
aplícalo a ti mismo. Celebre a usted y su éxito. Esto ayudará a
disminuir la dependencia que pones en los demás para hacerte
sentir mejor. Saber lo que realmente te gusta de ti mismo bloqueará
la negatividad que normalmente te envuelve.

Recuerda: La confianza no es engreída. No hay que avergonzarse
de estar seguro de quién eres, de conocer y apreciar tus virtudes y
admitir las imperfecciones. Ante las dificultades, esta honestidad te
protegerá de caer en una recaída.

Considere la causa principal de su baja autoestima. Si se debe a
la falta de atención a sus propios deseos, escriba lo que sucedería si
lograra estas necesidades. ¿Cómo te haría sentir? Por cada problema
que identifique, escriba un escenario alternativo en el que se
responsabilice de su propia felicidad. ¿Cómo lo logras?

Para ayudar, aquí hay algunas indicaciones que pueden aplicarse
a ti:

- No necesito que alguien sea completo porque...
- No dañaré esta relación porque...
- Si dejara de escuchar mis pensamientos negativos, yo...
- Tengo un mal comportamiento en las relaciones porque...
- Si tuviera que hacer las cosas a mi manera, yo...
- Si aceptara la responsabilidad de mis propios defectos, yo...
- Si no mintiera sobre mis sentimientos, yo...

El ejercicio anterior ayudará a identificar los pasos a seguir para
abordar las cuestiones que le resulten difíciles de afrontar. Hay
verdad en las palabras que escribes. Estás desenterrando tu
auténtico ser. Aplica lo que estás aprendiendo y libérate de los
pensamientos negativos arraigados.

Autocontrol

Las estructuras de control sesgadas en las relaciones son las
manifestaciones primarias de la codependencia. Estas incluyen el
rescate, la atención y la habilitación. Un codependiente asume el
control de las acciones y la actitud de otra persona para obtener
satisfacción y autoestima. A su vez, la otra persona tiene poco poder

sobre su vida - se vuelve expectante y exigente. Absorbe su energía, dejando sus necesidades insatisfechas.

Como puedes ejercer el autocontrol:

● Mira la realidad: Imaginar constantemente cómo quieres que sea la relación sólo te llevará a la decepción. Si experimentas insatisfacción en una relación, inténtalo:

○ Pregúntate a ti mismo por qué eres infeliz. ¿Qué es lo que lo desencadena?

○ Evaluando cómo te hace sentir.

○ Preguntarse cuál es su respuesta a esos sentimientos.

○ ¿Cómo se siente después de haber respondido? ¿Fue el resultado beneficioso?

○ Discutiendo tranquilamente el tema con su pareja, amigo o familiar.

○ Escuchar su respuesta y negociar mejores términos.

Su necesidad de control proviene del miedo y la ansiedad. En el momento en que experimente esto, hágase esas preguntas para reconciliar la aprehensión.

Desprenderse: Nunca puedes asumir que sabes lo que es mejor para alguien, no importa lo bien que lo conozcas. Pequeños consejos (sugiriendo un nuevo corte de pelo o un plan de dieta) conducen a mayores tentaciones de mandar a alguien para su propio beneficio. Un codependiente debe separar el amor de la responsabilidad. Veamos un ejemplo de la pareja del capítulo 5:

James ama a **Lucy** a pesar de su adicción al alcohol, pero se da cuenta de que no es responsable de su vida y sus acciones.

Lucy ama a James incondicionalmente; no es su responsabilidad cuidar de ella.

Pregúntese a sí mismo: ¿Qué le ha impedido hasta ahora dejar el control? Aprender qué experiencias están obsesionando su comportamiento le ayudará a hacer las paces con el pasado y a comprometerse con el presente.

Recuerde: El concepto de perder el control y el poder es desalentador para un codependiente. Admitir que ejercer un control completo sobre otra persona ha hecho poco cambio es difícil. Aceptar la realidad no es una rendición; es una liberación, que te anima a seguir adelante.

Seguir los ejercicios de recuperación para establecer límites, mejorar sus habilidades de comunicación y elevar su autoestima le ayudará a mejorarse a sí mismo. Reconocerás el valor de tu independencia y la importancia de cuidarte a ti mismo. Tienes derecho a satisfacer tus necesidades. Ellas importan.

Capítulo 7: Curación de Relaciones y Recuperación

Hasta ahora, hemos identificado lo que es la codependencia, los comportamientos tóxicos que se manifiestan, y las soluciones que puedes practicar para superar tu adicción. El viaje que harás se extiende más allá de las respuestas, es importante considerar cómo avanzarás junto con tu recuperación. En este capítulo, exploraremos cómo curar tus relaciones y establecer con confianza nuevas. También veremos el proceso de recuperación y lo que debe esperar.

Curar las relaciones

Relaciones actuales: A medida que practiquen nuevos métodos de autocuidado e independencia, se enfrentarán a nuevos desafíos, como mantener buenos hábitos al volver a conectarse con sus seres queridos. Reconocer la importancia de la autosuficiencia es indispensable, pero recuerde que parte de la razón por la que buscó ayuda fue para restablecer las relaciones en su vida. No dejes que tu individualismo te haga perder la confianza en ti mismo. Has trabajado duro para reestablecerte, y compartir el nuevo tú es emocionante.

Recuerde: Si hay un rechazo o una duda por parte de sus seres queridos mientras se recupera, ellos también se están ajustando a su nuevo yo. Puede que les lleve tiempo aceptar el cambio. Pueden intentar, a sabiendas o no, tentarlo a volver a los malos hábitos. Es importante hacerlo:

• Protegerse a sí mismo.

• Declarar clara y directamente lo que hicieron que te hizo sentir incómodo.

• Mantenga su nueva perspectiva, incluso frente a las represalias (por ejemplo, "Sí, he cambiado" o "Es importante que yo también piense en mis necesidades").

• Muestra tu fuerza.

• Reitere que su nueva actitud no es un acto de falta de amabilidad sino algo que les beneficiará a ambos.

• Aléjese de un argumento creciente e infructuoso; no invierta en él sólo para perder el control.

Nuevas relaciones: Es una perspectiva estimulante, establecer nuevas conexiones. Aunque puede ser intimidante (más aún si eres un codependiente en recuperación), no te disuadas de intentarlo. Tome lo que ha aprendido acerca de las características de las relaciones disfuncionales y úselas como guía para limitar las posibilidades de caer en una relación no saludable. Desde el principio, inténtelo:

• Dejando clara su nueva postura.

• Dependiendo del nivel de intimidad, modifica el límite. No compartirías tantos detalles personales con un nuevo compañero de trabajo como con un amigo.

• Tomándolo con calma, no te apresures a etiquetar la relación. Algo que empieza como una cita puede convertirse en amistad; deja que la definición se desarrolle orgánicamente.

• Evitar la tentación de reemplazar una relación anterior por una nueva. Ver esta relación como lo que es en lugar de forzar las expectativas sobre ella.

Ver esto como una pizarra limpia, una oportunidad de tomar decisiones saludables desde el primer día.

Analizar a las personas que te rodean

Observar los rasgos de comportamiento de los que te rodean mientras te recuperas es vital para entender qué dinámica de relación desencadena tus impulsos. Puede que estés cambiando, pero puede que tus seres queridos no. Las acciones de las personas y las elecciones de palabras envían señales consistentemente, y aprender a leer a los demás te enseña cómo acercarte a ellos.

Comportamiento básico: Conoces bien a tus seres queridos. ¿Qué tendencias tienen que podrían entrar en conflicto con tu recuperación? ¿Tienes un novio que siempre está pidiendo prestado dinero sin devolverlo? ¿Tu hermana te llama rutinariamente todos los días? ¿Un amigo con problemas de alcoholismo siempre quiere quedarse a dormir en tu casa? Estas son sólo sugerencias, pero una vez que determines los problemas que están ocurriendo, implementa tus nuevas tácticas. Si necesitas aumentar los límites con algunos miembros de tu familia más que con otros, entonces hazlo. Aborde su comportamiento y sea honesto con ellos. Hacer que la relación funcione es una responsabilidad compartida.

Observe el lenguaje: La elección de palabras es una representación de nuestras creencias y temperamento. Parte de la superación de la codependencia es aprender a desterrar las suposiciones incultas que ponemos en la gente que nos rodea. Escuchar lo que realmente dicen para informar tu respuesta. ¿Su lenguaje es alentador? ¿Agresivo? ¿O manipulador?

Toma una decisión: Remítase a lo que ha aprendido sobre las relaciones saludables y no saludables para acumular hechos. ¿Esta persona enriquece tu vida? Cuando se comunican, ¿están siendo sinceros y confiables? ¿O te empuja a dar todo el esfuerzo?

Recuerda: Rodéate de personas que muestren amabilidad y sean felices. Algunas amistades pueden animarnos a hablar y a concentrarnos en las emociones que nos molestan. Se convierte en un ciclo repetitivo que engendra negatividad. Habla con amigos que aumenten tu confianza y que quieran hablar de la vida fuera de la codependencia.

Recuperación

Ser consciente de sí mismo incluye reconocer tus defectos. Todo el mundo los tiene; sólo somos humanos. Las recaídas y los deslizamientos en los malos comportamientos son de esperar. Son un recordatorio de que la recuperación es un proceso continuo; cuando ocurren, es una indicación de que puedes haber perdido la concentración o la confianza en tus habilidades. Sin embargo, insistir en el error no lo solucionará, volver a encarrilarlo es la clave.

Cuando ocurra una recaída:
- Acepte que ha ocurrido y siga adelante.
- Reflexione sobre por qué ocurrió y cómo podría haber manejado un desencadenante de manera más efectiva.
- Haz un plan de acción para el futuro.

* Pida apoyo a sus amigos y familiares. Nunca sufras solo.
* Asume la responsabilidad.
* Piensa: ¿Qué comportamientos y acciones más saludables habrían funcionado mejor?
* Mira el mayor impacto de tus acciones. ¿Quién más se vio afectado por ellas?
* Intenta hacer las paces con quien sea que hayas lastimado.

Cuando ocurra una recaída, no lo hagas:

* Juzga
* Culpa
* Conviértase en derrotista o desanimado
* Aplazar
* Estrés

Reajustar tus objetivos y tu comportamiento significa admitir que cometiste un error, pero no es el fin del mundo. Usa la recaída como una oportunidad para practicar tus habilidades de auto amor, tolerancia y compostura. Siempre trate de reflexionar sobre su progreso después de una recaída.

Haga ejercicio: Componga un diálogo amistoso escribiéndose una carta a sí mismo. Responda honesta y afectuosamente:

* Desde el primer día, ¿qué tan lejos has llegado?
* ¿De qué logros te has sentido más orgulloso?
* ¿Cuáles son las nuevas cualidades y fortalezas que reconoces en ti mismo?
* Y lo más importante, perdónese a sí mismo.

Buscando ayuda y apoyo:

Si las recaídas son frecuentes y te resulta difícil ignorar los impulsos de tu propio libre albedrío, intenta buscar otros métodos para buscar ayuda.

* Asesoramiento
* Terapia de grupo
* Grupos de apoyo en línea y planes de 12 pasos

La cura de la codependencia comienza con la restauración del verdadero ser de la persona. No hay nada que sugiera que usted no puede manejar la última parte de su recuperación por su cuenta, pero algunas personas necesitan apoyo adicional al principio.

Conclusión

Ahora que has llegado al final del libro, estarás más informado sobre la codependencia. Más importante aún, si has completado las técnicas que hemos cubierto, también te entenderás mejor a ti mismo. Desde la primera página, dejé claro que la lección más importante que podías obtener de este libro era una comprensión más profunda de ti mismo.

Más allá de las páginas de este libro, el viaje estará en tus manos. "Secretos de los expertos - Codependencia" siempre será un punto de referencia. Espero que tomes las lecciones con calma y practiques el arte de amarte a ti mismo cada día. No olvides que te mereces la auto amabilidad; puedes ponerte en primer lugar, y no es desconsiderado hacerlo. Sigue repitiendo los ejercicios, y aprende a revertir tus malos hábitos. Manténgase en la más alta estima. Las habilidades de cuidado y crianza están todas ahí, pero ¿las aplicas a ti mismo? Comprende que cuanto más valor y valor veas dentro de ti mismo, más feliz serás y más florecerán tus relaciones. Serás una persona completa, con más que ofrecer que cuando empezaste. La vida dejará de sentirse como una tarea, una ola insuperable empujando contra ti. Con el tiempo, llegarás a apreciar cada segundo y a celebrar con la gente que te rodea. Harás las paces con ellos en lugar de hacer las paces con ellos. Pero trata de disfrutar tomando tiempo a solas. Continúa construyendo una relación contigo mismo, reafirma tu identidad principal y atesora tu verdadero ser.
Ningún hombre es una isla; los seres humanos son criaturas sociales, y todos necesitamos ayuda y estímulo a veces. Trae a tus seres queridos a tu círculo de apoyo, edúcalos en la codependencia, en quién eres ahora, y cómo pueden animarte. Pedir ayuda no es un inconveniente.

Mantener esta claridad no siempre será sencillo. La vida, como hemos establecido, es impredecible, y el cambio siempre está a la vuelta de la esquina. Recuerda que puedes adherirte al cambio, y que también estás cambiando. A estas alturas, ya habrás cimentado tu valor y autoestima. Tienes la capacidad de afrontar nuevos desafíos; búscalos como tu yo reformado.

Divertirse es imperativo para tu salud emocional y física. La recuperación puede hacer que la gente desarrolle una mentalidad única, y que nunca vean más allá de la codependencia y caigan en rutinas de autocompasión. No sucumbas a esta madriguera de conejo. La vida era aplastante cuando comenzaste tu viaje, así que hazle honor. La felicidad es crucial para nuestro bienestar, un placer restaurador que ahora estás listo para abrazar. Es hora de probar ese pasatiempo que no has merecido durante tanto tiempo; finalmente es hora de estirar tus alas y viajar. Has hecho mucho para educarte; mira lo que el mundo tiene para ofrecerte.

Si disfrutaste este libro de alguna manera, ¡siempre agradecerás una crítica honesta!

9 781800 762367